Sabor A Amanecer
Salim Alvarado Martínez

Sabor a amanecer

Autor:
Salim Alvarado Martínez

Sabor A Amanecer
Salim Alvarado Martínez

Índice

Índice.	3
Agradecimientos.	7
Siempre.	9
Movimiento.	10
Imposibles posibles.	11
Confesiones.	12
Temores.	13
Una semana.	14
Colores.	15
Hace un mes.	16
Cambios.	17
Aunque.	18
Aclaras.	19
Comprendo.	20
Comprensión.	21
Comprender.	22
Buenos días.	23
Certezas.	24

Estupefacto.	25
Mi música.	27
Estrellas.	28
Tú fotografía.	29
Mostrar.	30
Tarde Lloviendo.	31
Solo a ti.	32
Tierra.	33
Aire.	34
Agua.	35
Fuego.	36
Quinto Elemento.	37
Escribir.	38
Entresueño.	39
Respeto.	41
Acabe.	42
Aprendido.	43
Qué es.	44
Pasado.	45
Presente.	46
Futuro.	47
De los momentos.	49

Cualquier.	51
Decenas de escenas.	53
La virtud.	54
Suspiro.	55
Tus relatos.	57
Mi pan.	58
Tal vez no me creas.	59
Paz y alegría.	61
Confianza.	63
Tus palabras.	64
Cuidarte.	65
Acrisolada.	67
Tus manos.	69
Leerás.	70
Sin.	71
Escucharte.	73
Noctívago.	75
Rezos.	77
Ocaso.	79
Bóveda celeste.	81
Dulzura.	83
Sabor a amanecer.	85

Sabor A Amanecer
Salim Alvarado Martínez

Agradecimientos:

A quién inspiró cada letra.

A mis amistades que son mi otra familia.

A mi familia que es mi otro yo.

A Jime, Ale y a Javi por su apoyo, aliento y mostrarme lo que es el liderazgo.

A (y especialmente) quién me heredo el poder expresarme como lo hago y la más grande artista que conocí.

Sabor A Amanecer
Salim Alvarado Martínez

Siempre

Sabes, siempre he pensado que la frase "muchos últimos serán primeros" puede tener múltiples significados y variantes. A veces cuando escribo algo lo último es lo que pongo al inicio. Ahora yendo a otros campos, más en específico al del amor de pareja, creo que a veces se le presta una atención sobrevalorada al "primer" amor cuando realmente lo que nos debería de importar es "ese último" o, mejor dicho, el "más reciente" amor.

Incluso, ahora que estoy en la corrección de este texto me doy cuenta que desde que inicio este escrito han cambiado cosas, nosotros mismos, nuestro amor… y eso me hace recordar estas letras y reinterpretarlas.

Yo no seré tu primer amor, ni tú el mío. Pero sin duda me gustaría que fueras el último y ser el último para ti. Que seas "la primera y la última". La primera que ame y la ultima de amar. Incluso, aquello que está entre lo primero y lo último… mi todo… mí siempre.

Sabor A Amanecer
Salim Alvarado Martínez

Movimiento

Desde temprano empiezo a escribirte. Hay tantas emociones y percepciones del más reciente encuentro que tuvimos.

Tú mueves el corazón en mi como nadie lo hace y eso es algo que realmente no logro entender en su totalidad. ¿Por qué me mueves así?

Cualidad son varias las que posees. De entre todas hoy he precisado hablarte de esa sensación de comunión con Dios y conmigo que es sin duda, para mí, de gran agrado.

El cómo trasmites cariño, amor, hacia tu entorno es una de las muestras de como Dios vive en ti. Esa esencia de nobleza y de ternura con-mueve mi ser. Inspira mi alma y la renueva en deseos de expresar eso que siento a ti.

Mueves mi ser ¿hacia dónde lo mueves? Hacia ser mejor, hacia el infinito… hacia el amor.

Imposibles posibles

Me preguntas acerca de que haría y no haría por ti. Sale el tema de los viajes, el esfuerzo por ti e incluso hasta de cuestión matrimonial. Debo de ser especifico hasta lo explicito para decirte y posteriormente mostrarte que es fácil hablar de lo posible.

Porque en efecto aquello que está en el rango de la posibilidad es algo que no requiere más que de cierta voluntad y circunstancia. Más mis letras, ideas y corazón van en otro sentido.

Yo no hablo de lo posible, yo hablo de lo imposible. Imposible para algunos, no para mí. De brindarte cada día una renovada experiencia de amor y de mostrarte el cielo en la tierra ¿Algún hombre lo ha hecho todavía? Quizás no. Por eso lo imposible lo intento, porque lo posible lo puede hacer cualquiera (parafraseando al gran Picasso).

Debo decir que para el ojo no entrenado esto parece la más colosal de las labores, la más ardua de las tareas. Sin embargo, para mí solo conlleva dejar que mi alma se exprese hacia ti de la más natural de las formas.

Tu amor está en el aire yo solo soy el viento que lo conduce.

Confesiones

Para ti no tengo secretos, ¿qué podría ocultarte si mi corazón carece de capas y mi mente solo piensa en ti? Por eso en cada una de nuestras charlas podrás descubrir cada una de mis percepciones y experiencias. Y por eso charlo contigo; para que sepas quien soy y quien he sido.

Hoy tuvimos una plática particular. Cosas que solo nos conciernen a ti y a mí y a nadie más. Adoro la forma en que me cuentas cada detalle y como lo atesoro y guardo en mi corazón, pues es fruto de la confianza mutua. Nuestros sueños, deseos, anhelos y esperanzas refuerzan lo que somos y lo que seremos, pues he de confesarte que a ti te veo en parte de mi futuro de forma preponderante, más espero día a día construir junto contigo algo perdurable... e intemporal.

Me encanta ver tus ojos por las noches. He de confesar que estando o no estando contigo, cuando cierro los ojos, te percibo a un lado de mí. Esta noche en verdad podría jurar que he tocado una parte de ti y de mí que me hace pensar que no hay nada oculto que no haya de ser revelado a tu oído. Que mi ser es tuyo y solo tú tienes este don divino... El de confesar mi alma.

Sabor A Amanecer
Salim Alvarado Martínez

Temores

Contigo nada temo y cualquier temor que pudiera tener es insignificante comparado a lo inmenso que es el amor que por ti siento. Despejas mi alma y encauzas mi mente, sabes darme confianza y tu amor es la confianza que necesito... tus ojos son un sendero confiable y puedo caminar en ellos.

Me preguntas en que baso la confianza que tengo en ti y te respondo que es porque conozco lo más profundo de tu alma. Es ahí donde aprecio que no eres como nadie que traté y que eres singular al resto del mundo. Es por eso que al ver tu acendrado corazón me doy cuenta de lo afortunado que soy, pues, haciendo alusión a la frase bíblica, yo no tengo una joya preciosa sino el tesoro completo.

Mujer virtuosa yo te he hallado y espero poder conservar tu gracia conmigo. Tu presencia siempre está y tu sentir es constante en mi jornada. No diviso mejor panorama que el contemplar el horizonte de tu lado.

Por eso no hay temores, solo amores en mí. Por eso te confió lo único que tengo y que sin embargo ya es más tuyo que mío, que es mi ser, que es mi corazón.

Sabor A Amanecer
Salim Alvarado Martínez

Una semana

Hace una semana cuando te fui a dejar al aeropuerto sentí diferentes emociones. Desde las inevitables de sentir un cierto pesar por no verte un tiempo hasta las gratas por tenerte esos momentos aún conmigo. Sabes, frecuentemente te pienso y te siento y esta semana que se cumple de que te hayas ido de viaje se me ha paso muy rápido. Las llamadas y saber de ti me han hecho sentirte cerca. El conocer cada vez más como piensas y vives por igual han ayudado a que estos días hayan sido más fáciles de llevar y muy gratos porque tengo tu compañía de distintas formas. Eres alguien que me gustaría se quedará mucho, mucho tiempo en mí.

Estos días calurosos de primavera con lluvias frecuentes me recuerdan ese primer día en que te vi y cayó una lluvia sumamente fuerte. Recuerdo me hablaste y de alguna manera sentí que te preocupaste por mí y no querías que me mojara. Desde siempre me ha parecido que te intereso y sabes que es reciproco y por eso siempre estaré al pendiente de ti y velaré tus sueños.

Mi corazón te quiere y te tiene presente siempre.

Colores

La vida es colorida. La longitud de onda de los rayos junto la absorción de estos en tu cuerpo me trasporta a un mundo en donde es un deleite apreciar los colores en ti. Recuerdo los colores de ropa, los lugares y ese lindo color de piel que tienes y que sin duda es un lienzo que plasma la obra más exquisita que hay... tú.

El color de tu cabello, como cambia con el clima. Ese mechón hermoso y elegante que tienes y que me recuerda lo única que eres, es una muestra de tu belleza y he de decir, cierta forma enigmática de tu ser... eres un enigma, un misterio y una sonrisa coqueta y cautivadora.

Rosa, morado, colores pastel... tanta variedad de ellos y todos me recuerdan a ti. Llenas de colorido mi vida, transformas mi entorno en un arcoíris de emociones. En esos ojos café puedo ver prisma de sensaciones y en esos labios rosas podría besar toda mi vida a la mujer trasparente y fantástica que eres.

En ese color blanco en que te conocí pensé que eras un ángel y efectivamente lo eres. Un lindo y celestial ángel que me acompaña y que me recuerda que no tengo que ir lejos para ver el cielo en la tierra.

Sabor A Amanecer
Salim Alvarado Martínez

Hace un mes

Hace un mes vi esos ojos que fundieron mi alma con la tuya.

Hace un mes sentí un arrebato de razón y de locura.

Hace un mes socavé mi interior y encontré solo encanto de tu parte.

Hace un mes solo supe que sería ya tuyo a cada instante.

Hace un mes sentí la vida con plenitud sorprendente.

Hace un mes en mi confiaste y me hiciste tu creyente.

Hace un mes mis manos abrazaron tu cintura.

Hace un mes sabía que ya no tendría cura.

Hace un mes, pero parece un suspiro y mil

años, porque ese beso de tus labios,

no tiene tiempo ni lugar.

Esa mirada, ese abrazo, ese beso…

crearon otra eternidad y otro universo.

Cambios

Me has dicho que cambie ciertas cosas de mí, esto con el fin de poder ser mejor persona, pues dices que ciertas cuestiones mías pueden mejorar. Yo digo: todo a su tiempo, mi tiempo aún no llega.

A su vez que me gustan ciertos detalles que considero chistosos en mí. En eso he descubierto que quizás tú siendo tan alegre eres en ocasiones más solemne que yo, y yo siendo tan serio tengo cierta pizca de alegría y ocurrencia en cada cosa.

Como sea, no siempre he sido el mismo y de hecho he cambiado bastante. De suerte que podrías incluso verlo por ti misma si reflexionas hacia atrás acerca de mi o esperas y veras en un futuro que eso pasará.

Aunque siempre he conservado y conservaré la esencia que me caracteriza y por la cual, estoy sumamente complacido.

Si uno ve de cerca alguna obra de arte, se podría uno percatar de la cantidad de pigmentos, de corrosiones, de cuestiones que hacen poco estética a esa obra. Pero si uno la ve en su totalidad es cuando uno aprecia el valor de la misma. Si usas el tiempo en mirar los detalles exiguos, es tiempo no utilizado en apreciar el arte que conlleva el ser uno.

Mira siempre con el corazón que tienes y serás bienaventurada.

Sabor A Amanecer
Salim Alvarado Martínez

Aunque

Te escabulles y te veo sin apreciarte.

Te escucho, aunque tu voz este distante.

Te leo, aunque no me escribes y

te suspiro, aunque el aire no se digne.

¿Qué sé crear? Novelas de suspenso no sé, ni de terror, quizás drama... alguna historia de humor y para niños y... poesía.

Historias de amor tampoco sé escribir, porqué el amor solo lo vivo, pero me cuesta trabajo escribirlo en otros. Por eso mis referencias al amor siempre tienen esa carga directa de lo que vivo. Por eso te escribo y te doy no una letra, sino una parte de mí en cada escrito. ¿Acaso no es como si vieras un brazo mío entre líneas? ¿Acaso nunca has sentido que una mirada mía esta tras el final de un párrafo?

Te sueño... aunque velo la noche,

Te quiero... aunque suene a reproche.

Te escribo... aunque desaparezcas musa.

Te quiero...   aunque aparezcas difusa.

Aclaras

Hemos platicado y hemos desnudado nuestro ser. Si bien siempre me ha sido grato hablar contigo, hoy en especial me has demostrado tu interés y compromiso. Pues sabes reconocer lo que haces y no haces y eso habla mucho de lo que eres e intentas ser.

Aclaras mi panorama y también he aclarado el tuyo. El rumbo en que nos dirigimos lo veo más seguro, más no me confío y velo por nuestro amor y constancia. Sé que también tú a partir de ahora pondrás más atención y seguiremos avanzando.

Ya llegará el tiempo en que leas esto, más ahora me lo reservo solo para mí. Hay mucho más en esta tierra y en este cielo que poco a poco vendrá y lo verás.

Aprovecho que no puedes leer esto y te escribo: te amo con la intensidad del océano, pero la calma que brinda el mismo.

Comprendo

Cada día te conozco más.

Cada día sueño con hacer mi realidad contigo.

Cada día comprendo un poco más lo que eres y eres para mí.

Estos días reflexionando acerca de ti, me percato que efectivamente eres una persona con la que me gustaría compartir múltiples situaciones. Eres alguien que desde que conocí ese primer día me ha dado la impresión de ser alguien que apuesta por reconocer lo que es. Sus singularidades, lo que conforma su ser. Hoy comprendo un poco más como eres y como siempre, me parece bien.

Eres causa de esa sonrisa involuntaria en mí solo con pensarte. De esa risa que oculto para que no piensen que estoy loco cuando recuerdo lo chistosa que a veces te muestras. Eres la emoción que apasiona mi corazón y ese grito y susurro de mi Alma cuando dice: ella… ella te enamora.

Esto hoy lo comprendo y sé que mañana lo comprenderé más.

Comprensión

El estar en pareja es siempre una de las más grandes posibilidades –si no es que la más- de crecimiento humano. Requiere un equilibrio entre el avanzar que es netamente personal y el que es acorde a la otra persona; el crecimiento de pareja. Por eso es indispensable un elemento: la comprensión mutua.

Comprender lo que la otra persona puede (o quiere) hacer y no hacer y ver qué significa eso para uno es fundamental. Procurar llegar a acuerdos, a ser claro con lo que se desea y espera es algo que siempre será parte del dialogo que espero siempre sea contigo. Creo que eres alguien con quien se puede dialogar y creo que cada vez te abres más y por igual he podido expresar mejor lo que pienso.

Hay un ingrediente que sirve mejor para comprender las cosas y personas. Este es el del amor entendido como "compasión". Es decir, sentir la pasión, lo que siente el otro. Es sin duda parte elemental de este proceso y el por el cual se entienden mejor las cosas.

Espero ser sensible a esta cuestión y viceversa. Pues sabes que me interesa tú persona, pero también yo tengo ciertas preferencias y elecciones. Que seamos sabios y dichosos, pero, sobre todo: unidos.

Comprender

Estos recientes días en donde hemos comunicado nuestro sentir y pensar me parece han servido para conocernos y sobre todo comprendernos mejor.

Creo que hemos dialogado con el fin de aclarar cosas, pero sobre todo reforzar cuestiones de confianza y saber del otro. Sabes muy bien que eres sumamente importante para mí y que este espacio que ya tienes en mi corazón te lo has sabido ganar. Por igual sé del sitio que me reservas en el tuyo y valoro realmente cada muestra de cariño hacía mí. Me encanta tu alma y me encanta cada vez que te muestras en tu más pura esencia. Trato de comprenderte y sé que tú también. Tengámonos paciencia y siempre brindemos nuestra mano y una sonrisa antes de intentar discutir. Comprender es querer y más.

Causa de mis labios sonriendo,

final de mis suspiros que emano.

En medio de mi ser estas siendo,

y me haces simplemente humano.

Porque de todo lo que pueda ser,

de todo lo que se me ocurriera.

Solo feliz y realizado seré,

si eres tú mi compañera.

Sabor A Amanecer
Salim Alvarado Martínez

Buenos días

En la charla que tuvimos hoy me comentaste acerca de lo importante que es recibir un mensaje de "buenos días", de comienzo de día para ti. Sabes muy bien que frecuentemente tu ser es causa de que te piense y créeme que desde que me levanto pienso en ti. ¿En qué pienso? En nosotros, en ti, en lo que has hecho y harás en mí. Uno de mis agradecimientos principales al caer las noches es a Dios y el que me ha dado esa sonrisa linda a mi lado. Esa es la verdad.

Me despierta a veces las ansias de verte o de saber de ti. Mis días desde temprano tienen tu esencia. Las personas, lugares y comidas tienen algo que me recuerda tu ser y aunque no siempre te escribo o te llamo presiento que sabes, que sientes que en algún momento del día te pienso y te siento.

Sabes que esa energía que percibes no es otra cosa que eso que siente mi corazón y que he trato de trasmitirte de todas las formas posibles desde aquel día en que me di cuenta que esos lindos ojos color café me mostraron el cielo en la tierra. Por eso mis días siempre tienen ese toque especial.

Buenos días son siempre con tu compañía.

Certezas

¿Cómo saber el mañana? ¿Cómo saber qué hará uno? La vida es una incógnita, más creo que en tus ojos veo un par de luces que guían con esperanza mi sendero.

¿Son acaso tus brazos el mejor lugar en donde pudiera uno estar? Probablemente...

¿Son acaso tus besos lo mejor que pueda probar? Probablemente...

¿Probablemente?... ¡NO! Certeza tengo que bajo tu pecho no hay mejor cobijo. Que bajo tus labios no hay néctar más intrínsecamente puro. Que bajo tus ojos se encuentra el universo encerrado en la más alta certeza: la de ver a Dios a través de ellos.

Certezas hay... y gracias a ellas en el día a día puedo navegar.

Sabor A Amanecer
Salim Alvarado Martínez

Estupefacto

Ese día soleado de abril,
esa tarde como otra y como ninguna.
Ese maravilloso perfil,
que sería mi más grande fortuna.

Para ser sincero te digo,
el tiempo y el espacio cambiaron.
De suerte al estar contigo,
en forma sublime distorsionaron.

Siempre recordaré esa mirada,
así como a esa manera correcta.
La cual, de forma bella e indirecta,
poco a poco me enamoraba.

Sabor A Amanecer
Salim Alvarado Martínez

Por un momento quedé,

paralizado, en modo abstracto.

No lo podía creer,

quedé, simplemente estupefacto.

Y a veces así quedó anonadado,

y por eso mis silencios se hacen presentes.

Pues de todo mundo, de todas las gentes,

solo tú ser está en mí impregnado.

Sabor A Amanecer
Salim Alvarado Martínez

Mi música

¿Qué clase de pócima me has dado?
que hace que seas mi primer pensamiento.
¿Acaso esto de estar enamorado
es pensar y sentirte todo el tiempo?

¿Qué modo has descubierto?
Para tenerme en otro mundo.
Porque este sentimiento,
se va haciendo más profundo.

En la noche en su sonido sereno,
madrugada que muestra tu rostro.
Es tú elixir el que quita veneno,
de mis entrañas, amor asombroso.

Eres bella, más que mágica,
eres simplemente cautivadora.
Y es que no hay instante, hora,
que no sea tu voz, mi música.

Sabor A Amanecer
Salim Alvarado Martínez

Estrellas

A veces cuando camino por las noches y veo las estrellas hay en mí una sensación de que veo algo que ya paso. Como sabes, la lejanía de las mismas hace que cuando yo esté viéndolas, estoy viendo algo que "ya sucedió", inclusive puede ser que ya ni existan.

En ese sentido, tú eres completamente diferente a una estrella. Pues, aunque estás lejos de alguna forma te siento y percibo cada vez más cerca. Tú brillo no se extingue, al contrario, resplandece en mí y en mis acciones. Inspiras y mueves lo que soy, aunque debo decir, afectas mi masa y me atraes de manera inevitable a ti. El calor que irradias hace que se derrita mi ser y tu luz es tan fulgurante que se ve incluso en el día.

Eres la estrella que me guía y que Dios ha puesto en mi camino y eres esa estrella de mi ocaso y de mi alba. Eres mi lucero de alegría y paz, no eres estrella fugaz sino atemporal, siempre estarás aquí. Y más que suerte me has traído fortuna, la fortuna de conocerte.

Eres un cuerpo celeste porque evidentemente has venido del cielo, pues de la tierra no eres. Por eso cuando levanto la vista no veo al cielo o a las estrellas, te veo a ti.

Sabor A Amanecer
Salim Alvarado Martínez

Tú fotografía

Todos los días sin excepción,
este sentir está en aumento.
Pues sabes que este corazón,
es todo tuyo a cada momento.

Mis días son una constante,
cuestión de verte en cualquier lado.
Mira que, si estoy enamorado,
que ando abstraído y vacilante.

Aunque debo decir también,
que eres a su vez guía y rumbo.
Pues este sentimiento profundo.
me hace solamente bien.

Y en las noches que llego,
solo busca una que cosa que ver.
Tu fotografía en blanco y negro,
que me diste y que guardo con fe.

Sabor A Amanecer
Salim Alvarado Martínez

Mostrar

Tú me has hecho más que cambiar ser quien yo soy realmente. No es que no lo fuera, sino que siento que contigo puedo ser plenamente quien soy. Ten por seguro que hay rutas que solo tú corazón a conocido y nuevos puertos que solo tú veras. Porque, aunque es quizás poco el tiempo mi confianza hacia ti es fuera de todo espacio y temporalidad. Esa confianza que te has ganado con tu genuino interés y esa maravillosa alma que he conocido y me has brindado.

Has hecho que muestre mi mejor faceta y que cada vez esta sea mejor. Pues, independientemente de mi iniciativa, tú me contagias esa alegría y ternura que bien es cierto también poseo. Eres pasión y compasión, eres travesura y seriedad. Eres inspiración de mi creación y ese pincelazo al final de mí obra… y al principio.

Te agradezco siempre la motivación y te agradezco por igual tu paciencia. Refuerzas mí ya estable temple y haces que me conozca y aprenda más.

"Eres mi sonrisa que crece,

como el sol cuando amanece".

Sabor A Amanecer
Salim Alvarado Martínez

Tarde lloviendo

Tras cada tarde lloviendo,
apareces en mi ser invitada.
Evocación de mi sentimiento,
y recordatorio de esa mirada.

Pues en ella miro el rayo,
relámpago de fuerza dura.
Y también en ella subrayo,
tú tez y tú hermosura.

Cada gota es una lágrima,
pero de alegría por encontrarte.
Sabes que eres la pócima,
para una vida excitante.

Y el viento que menea,
cada cabello tuyo y mío.
Tiene brisa veraniega,
me da amor, me da brío.

Sabor A Amanecer
Salim Alvarado Martínez

Solo a ti

Seductora como orquídea divina,
suave y distinguida como rosa.
Cuéntame mujer preciosa:
¿Qué haces que mi piel se enchina?

De todo este mundo tienes,
ese toque y precisión rigurosa.
Más que mujer eres Diosa,
eres la dueña de todos mis bienes.

Por qué bien estoy desde tu llegada,
ya que he conocido un paraíso.
Has tomado mi alma prestada,
y no me has devuelto al piso.

¿Quién tiene ese poder desmesurado?
solo Dios y te lo ha entregado así.
Por tener ese corazón acendrado,
mi corazón te pertenece solo a ti.

Sabor A Amanecer
Salim Alvarado Martínez

Tierra

Sólida, firme es la tierra. En ella me planto para verte y disfrutarte. Porque cada segundo a tu lado siempre es pleno. Cada paso que doy contigo me lleva por caminos que siempre me llevan a mí... a lo que soy.

Con los pies bien puestos y con claridad de lo que pienso y digo lo afirmo: Eres tú mi sendero de montañas, eres tú mi tierra fértil. Eres tú mi paisaje y mi viaje.

A la tierra has llegado,

aunque eres celestial.

En ella me has brindado,

este sentir tan especial.

El suelo es sagrado,

no porque tu ser lo pisa.

Lo has embelesado.

con tan solo tu sonrisa.

A la tierra le agradezco,

y gracias a ella me hinco.

Solo a Dios esto ofrezco,

y a ti, mi amor y mi ahínco.

Sabor A Amanecer
Salim Alvarado Martínez

Aire

Desde el suspiro que provoca tu embelesado rostro, hasta el viento indomable que emerge. Así es el sentimiento que en mi crece y crece.

Parece que me falta el aire, parece que el aire del mundo es poco. Cuando observo ese par de ojos, siento que el pecho se contrae y del mismo sale el más puro sentimiento… y sabes que es cierto.

Aire que vas de ida y vuelta,

dile a esta niña inquieta.

Que no hay noche ni día,

que no invente poesía… por ella.

Eres mi aire, lo que requiero de mi vida.

Sin ti… solo hay viento… pero no respiro,

Si no estás aquí adentro.

Sabor A Amanecer
Salim Alvarado Martínez

Agua

Sé bien que te gusta el agua. Disfrutas cada momento en este elemento. Eres trasparente como la misma, eres pura y eres precisa, eres fuente vital para la vida... para mi vida.

Si te dijera que lo que siento se va convirtiendo en mar ¿Qué dirías?...

Con aguas dulces y saladas,

pero más tranquilas que agitadas.

Es tu ser y tus entrañas,

solo sé que son sagradas,

esas dos colinas rosadas,

tus mejillas... acendradas.

Eres mi elixir, mi poción liquida.

Eres mi agua de vida...

De esta vida y la trascendida.

Sabor A Amanecer
Salim Alvarado Martínez

Fuego

Fuego tienes y pasión eres. Causa de mis desvelos. Alegría de mis días. Eres el verbo hecho poesía.

Me encanta cada parte de tu ser y como expresas, ese sentir y son ciertas. Cada mirada tuya es un paraíso completo y cada palabra que dices es un bendito secreto.

Tienes el ímpetu, el encanto,

de hacer algo profundo y sagrado.

Eres calor, eres la llama,

que fascina al cuerpo y más el alma.

Eres el fuego de mi interior,

eres el más intenso fulgor.

Pasión divina, inmaculada esencia,

es la que muestras con tu presencia.

Eres fuego que purifica,

eres el cielo en una sonrisa.

Sabor A Amanecer
Salim Alvarado Martínez

Quinto elemento

Aristóteles decía que el quinto elemento era el cielo. Y quizás sea cierto, pues en el siento que estoy desde que te conozco.

No encuentro mejor lugar que pueda existir sí estás conmigo. No hay lugar más sublime que tus brazos. No hay mejor vista que tu mirada.

No hay más afecto que entre tu pecho.

No hay tiempo ni espacio,

no hay tierra ni tejado,

Que estar bajo el palacio,

de tu cuerpo abrazado.

No importa la inclemencia,

no importa la aventura.

Ya que tus ojos hermosura,

curan cualquier dolencia.

Sabor A Amanecer
Salim Alvarado Martínez

Escribir

Sabes muy bien que de las cosas que más disfruto es escribir, y es ahora un placer mayor al tenerte como lectora y debo decir; colaboradora involuntaria de mis letras, pues inspiras mis ideas.

Me gustan las observaciones que haces y de las cuales tomo nota y reflexiono. Si bien siempre eres fuente de inspiración, también ahora lo eres de cierta corrección o, mejor dicho, dirección de lo que escribo.

Es por ello que te dedico estas líneas como muchas otras que serán siempre tuyas. Y es por eso que en mí siempre tendrás un "escribidor" y un ser que hable de lo magnánima que eres.

Pieza delicada y bella compuesta de gracia e inteligencia. Inspiración constante de este admirador tuyo. Escribir y describir lo que eres y representas quizás me lleve una vida… Y lo haré.

Sabor A Amanecer
Salim Alvarado Martínez

Entresueño

Te sueño y parece real,
lo real me parece de ensueño.
¿Sera cuestión de empeño?
¿o simplemente es natural?

Tantas ganas de verte,
cómo puede haber estrellas.
Te busco hasta en ellas,
sabes que es recurrente.

Y de manera oportuna,
entresueño se revela.
Que tú eres como ninguna,
que tú tienes la tutela.

Sabor A Amanecer
Salim Alvarado Martínez

De esto llamado emoción,

en vigilia y despierto.

Sabes que, en mi corazón,

eres mi sueño, mi proyecto.

Mi cobijo no es el cielo,

ni la tierra por igual.

Mi abrigo es el velo,

que dio Dios a tu mirar.

Ahí está el amor… ahí está mi verdad.

Respeto

Ayer te comenté lo importante que es para mí el respeto. Siempre he pensado lo indispensable que es y es por ello que siempre me conduzco en esa forma. En especial en las cuestiones de pareja.

Nunca me gustaría hacerte daño pues tu mal-estar es el mío.

Te valoro y por eso te admiro, quiero y respeto. Siempre será así porque eres alguien cuyo ser, cuya forma de actuar me ha encantado desde que te conocí.

Mujer virtuosa la he hallado,

con respeto y cuidado,

siempre la tendré presente.

Para ser inteligente,

sabio y reservado,

Pues merece solo

el buen trato.

Esos ojos solo merecen alegría,

yo haré, mi esfuerzo cada día.

Sabor A Amanecer
Salim Alvarado Martínez

Acabe

Cuando se acabe el aire,

cuando el sol no brinde más luz.

Cuando no quede nadie,

siempre estarás tú.

Cuando se acaben las olas,

cuando no existan más playas.

Cuando este yo a solas,

estarás tú en mis entrañas.

Cuando se acaben los versos,

cuando ya no existan las letras.

Te daré los universos,

de sensaciones expresas.

Y cuando se acabe mi vida,

cuando parezca el final.

Reviviré porque estas unida,

a mi ser… incondicional.

Sabor A Amanecer
Salim Alvarado Martínez

Aprendido

Con el paso de los días, las semanas y de la vida podrás apreciar lo que para bien tú eres para mí. He aprendido varias cosas de ti, tu ejemplo, lo que haces y piensas me sirven de referencia para tomar y retomar cuestiones que subyacen en mí.

Hoy hablaré de una.

La calma que en mi es presente,

la espera que ahora conservo.

Es fruto sabio y pertinente,

producto de lo que en ti observo.

Tienes el ritmo, el instante,

sabes ir con prudencia.

Mira que mejor ciencia,

sí que eres buena amante.

Te admiro…

Con tus días y tus noches.

Como siempre ha sido.

Sabor A Amanecer
Salim Alvarado Martínez

Qué es

¿Qué es el viento sin tu cabello?

¿Qué es la noche sin ti en mi sueño?

¿Acaso un dulce beso en tu cuello

será suficiente muestra de mi empeño?

¿Qué es la aurora si no te tengo a lado?

¿Qué es el tiempo si no tengo tus labios?

No encuentro palabras ni comentarios,

el futuro parecería oler ha pasado.

¿Qué serian estas letras sin tu lectura?

¿Qué serían mil rimas sin tú razón?

Eres la más linda y divina criatura,

el piélago donde habita mi inspiración.

¿Qué te he dicho que no has comprendido?

¿Será conveniente decirlo o lo omito?

Decir que le has dado un bello sentido,

a mi vida, desde que sé de tu ser... bendito.

Pasado

Sabes, desde que te conocí me interesaste, la segunda vez que te vi lo confirme y cuando estuvimos en ese evento de ciencias y toque de manera más puntual tu mano fue simplemente algo de lo más maravilloso y pleno que he sentido. Toque tu nariz con mi nariz en esa parada de camión y puedo decir que sin duda ha sido de los momentos que más recordaré en mi vida. Pues aparte como bien sabes, tuve que partir para la comida que tenía.

Días maravillosos que siempre perduran y que me mostraron a un ser único y resplandeciente. Me enamoraste siendo quién eres.

Tras esa sonrisa de encanto,

y esa inteligencia precisa.

Eres lo que espere tanto.

la majestuosidad con sonrisa.

Detuviste el tiempo con solo verte,

y aceleraste mi ritmo con tu mirada.

El pasado resulto ya algo inerte,

mi alma sí que estaba enamorada.

Sabor A Amanecer
Salim Alvarado Martínez

Presente

    Tengo ganas de abrazarte, de ver tus ojos. De decirte frente a frente que eres una persona maravillosa. Que me has hecho mover ciertas cosas e ideas en mí y que haces que mi corazón hierva, pero a su vez lo calmas como no tienes idea.

    Siempre te siento, por eso, aunque la distancia nos puede ser lejana de una forma. Tu alma y tu esencia está en mi vida. Y ahí permanecerá… te lo aseguro.

Este día asoleado por fin,

de todos los anteriores nublados.

Debo decir que, sin ti,

no concibo el mejor de los estados.

Estás presente en mi alma y en mi vida.

eres el toque de gracia y poesía.

Eres la creación más bella y divina,

eres a quien elijo de compañía.

Futuro.

El tiempo es algo que pasa tan rápido que prácticamente se puede decir que el presente de pronto se vuelve pasado y el futuro hoy. Es por eso que cuando pienso en ti y en mí, en lo que nos depara. Me pongo a pensar que simplemente me gustaría estar ahí siempre contigo. Y sé que tú también deseas algo similar…

Me gusta el proceso que vamos llevando y ya te he dicho múltiples veces que me gustaría pasar por todos esos procesos. Me interesas tú, me interesa la parte sublime que tú eres. Y la parte que no es tanto, la acepto, comprendo porque sé cómo además evolucionas y buscas ser mejor.

Espero conocerte más y que compartamos más cosas y sobre todo nuestra vida. Tengo confianza en ello y a Dios le pido sabiduría para ambos para que sepamos valorarnos y tratarnos, pues de lo que sale de nuestros corazones tenemos que saber enfocarlo y que crezca sanamente.

El futuro puede ser incierto, pero sueño que mi amor, que tu amor, sea nuestro amor… Hoy y siempre.

Sabor A Amanecer
Salim Alvarado Martínez

Si existe un horizonte pleno,

sí existe una mañana asoleada.

Quiero que sea lleno,

de la belleza de tu mirada.

Si existe acaso un paraíso,

sí existe la más grande fortuna.

Ha de tener ese nombre preciso…

el tuyo o el de ninguna.

Sabor A Amanecer
Salim Alvarado Martínez

De los momentos

¿Sabes acaso que uno de los momentos más bellos para mí del día es aquel en donde me puedo sentar a escribir una parte de lo que pienso y siento por ti?

Inspiras mi alma y por ello siempre buscaré la forma de expresarla. A veces palabras no bastan, a pesar de que todo puede evocar tu ser. Sin embargo, es preciso que tenga que expresar cada una de las sensaciones que embargan mi ser. Esto por la simple, pero incontenible fatalidad de que no de hacerlo, de arriesgarme a no expresarlo… explotaré de emoción.

Sabor A Amanecer
Salim Alvarado Martínez

De los momentos que más espero,

es cuando me siento a plasmar.

Cada pensamiento, cada requiebro,

que mi alma tiene que gritar.

A través de cada verso,

a través de cada letra.

Esta llama que penetra,

me mantiene solo inmerso.

En esa línea seductora,

en esa sonrisa que fascina.

Eres buena sabedora,

que tu ser es un enigma.

Pues no creo lo que percibo,

tras esa mirada que me calma.

Eres el verso que escribo,

no en papel sino en mi alma.

Sabor A Amanecer
Salim Alvarado Martínez

Cualquier

En la calle caminando,
en la banca de la floresta.
En mi mente imaginando,
ahí siempre vas dispuesta.

En cualquier actividad,
cualquiera que esta sea.
Tu belleza, tu bondad,
solamente me permea.

Ante propios, ante ajenos,
ante todos, ante nadie.
Afirmaré lo inigualable,
que son tus ojos serenos.

Sabor A Amanecer
Salim Alvarado Martínez

Por eso desde aquella vez,
donde besé y vi esa mirada.
Confirme que esa tez,
era una cuestión sagrada.

Y por eso en cualquier lado,
y bajo cualquier situación.
Siempre estaré enamorado,
de ti… de ese corazón.

Decenas de escenas

"Decenas de escenas" se me ocurren para pasar el tiempo a tu lado. Hay tanto que me gustaría vivir contigo. Que me conozcas más y que a su vez te conozca a mayor profundidad.

Disfrutar quién eres, ya que eres simplemente majestuosa.

Una charla en un lugar apartado,

un paseo en un sitio concurrido.

Estando en silencio o con ruido,

es sublime si estoy a tu lado.

Reinas en cada respiro,

inhalo tu presencia soberana.

Majestuosa mujer que miro,

eres lo que es ser humana.

Si Dios me concede la gracia,

sí logro contemplar este mundo.

Junto tu ser y tu melena lacia,

veré la divinidad cada segundo.

Sabor A Amanecer
Salim Alvarado Martínez

La virtud

Cuando el viento es intenso,

cuando el soplo me lleva.

He de decir que te pienso,

y mi semblante se eleva.

Cuando el cielo crepita,

y el trueno aparece.

Así pues, reflorece,

tú fronda que es bendita.

Fruto de belleza evidente,

flor de pureza suprema.

Es tu alma un poema,

de calidad sorprendente.

Más bella que la orquídea,

más sublime que la rosa.

Es el jardín de tu idea,

es la virtud que en ti goza.

Sabor A Amanecer
Salim Alvarado Martínez

Suspiro

En el piélago de mí alegría,
hay un puerto majestuoso.
Que yo no conocía,
y por el cual estoy gozoso.

En el habita la persona,
más linda sobre la tierra.
Mujer bella que encierra,
el sentir que me emociona.

Porque cada día la admiro,
y la conozco un poco más.
No pensaba ver jamás,
mi alma envuelta en suspiro.

Sabor A Amanecer
Salim Alvarado Martínez

Suspiro que tienes,

suspiro que me das.

Eres el aire y me sostienes,

eres el viento y te vas.

Más siempre a mi lado,

cada noche logras regresar.

Y por eso estaré enamorado,

solo a tu lado quiero zarpar.

Tus relatos

No sabes lo que me gusta escuchar cada una de tus ocurrencias, acciones, vivencias que tuviste en el día. Me encanta como narras cada hecho y trato de poner atención al más mínimo detalle.

Me gusta saber de ti, lo que piensas, lo que vives y me da un gusto enorme que te diviertas y la pases bien. Que incluso te superes, tengas nuevos retos y que te vaya bien en tus actividades. Eres una persona alegre y genial, un ser que me trasmite una energía muy sana y humana.

Agradezco la confianza que me tienes y el tiempo que me dedicas para platicarme tus historias. Podría pasar todo el día escuchando cada una de tus palabras. Tu voz, es quien narra los hechos de la persona más linda que conozco. Me interesa y me interesará siempre saber de ti. Pues tú, tú historia, es sin lugar a dudas una historia llena de una presencia inigualable… la tuya, y me honra el que yo pueda ser parte de ella.

Tus relatos, tus historias, las guardo en mi memoria y frecuentemente te veo en ellas y en las cosas que me recuerdan a ti. Me encantaría un día ser un buen relato tuyo… uno que puedas vivir día a día.

Sabor A Amanecer
Salim Alvarado Martínez

Mi pan

Parece que fue ayer cuando estuve abrazado a ti. Parece un suspiro estos días, aunque a su vez he tenido ya ganas de verte frente a frente.

Siempre recorres mis venas y sacudes mi corazón de forma violenta pero agradable. Como una ola intensa que choca contra mi piel.

No me encuentro en el desierto,

ni vivo con desesperación alguna.

Más te espero con el corazón abierto,

como la noche espera a la luna.

Eres mi pan que me da aliento,

eres templanza de mi ventura.

Eres el porvenir que siento,

eres la razón de mi locura.

En el amanecer y en el ocaso,

te traigo atento y desprovisto.

Pues ya formas parte acaso,

de mi fe, de ser en Cristo.

Sabor A Amanecer
Salim Alvarado Martínez

Tal vez no me creas

Tal vez no me creas,

que iluminas mi cielo.

Que jamás las estrellas,

brillaran como el pelo…

El cabello que tienes.

Tal vez no lo diga,

pero mis pensamientos.

Solo dicen que siga,

en uno y mil intentos…

Por tener tú corazón.

Tal vez no lo entiendas,

pero eres la persona.

Quien tiene las riendas

que me emociona…

Mueves mi alma…

Sabor A Amanecer
Salim Alvarado Martínez

Tal vez no lo escriba,

pero tú lo imaginas.

Tu ser ya aperciba,

Que tú a mi… me fascinas…

Como tal vez no lo creas,

Eres majestuosa para mi…

Deberás.

Paz y alegría

Inspiras lo mejor de mí. He de decir que contigo me siento sumamente cómodo pues puedo ser la mejor versión de lo que soy. Tal vez no te hayas fijado pero mi ritmo cardiaco no solo lo aceleras, sino también haces que tenga una tranquilidad.

La paz que siento es "mucha" por ponerle una cantidad, aunque creo, -sin duda- que puede ser considerablemente más, pues solo he sido una parte de lo que soy.

Eres causa –aparte de mí, obvio- de que tenga esta paz y alegría que hacen que me mueva en el mejor de los escenarios. Pues esto es lo que soy.

Sabor A Amanecer
Salim Alvarado Martínez

Gracias a una princesa,
de cabello reluciente.
Es que mi alma profesa,
su sentir más elocuente.

Pues si he de ser sincero,
con ella puedo ser capaz.
De mostrar siempre primero,
mi rostro que es la paz.

Siempre estaré agradecido,
por haber visto su alma.
Pues Dios me ha bendecido,
para tener paz y calma.

Confianza

Has visto que para algunas cuestiones personales suelo ser sumamente discreto. De mi vida y personas no suelo hablar a veces a profundidad y no por otra cosa, sino porque en ocasiones me parece algunas personas no les interesa lo que me acontece o si les interesa solo buscan el "chisme".

Tú, desde el primer momento en que charlé contigo me transmitiste confianza. ¿Por qué? Por qué sin duda vi ese corazón bello que tienes y el cual sé que cada palabra que te digo queda bien guardada ahí. Eres mi confidente de muchas cosas y espero que esto siga creciendo, pues aún hay mucho más por compartir.

De igual modo, agradezco la confianza que me tienes y las cosas que me has contado. Cada detalle que me expresas lo valoro y sabes que siempre estaré a tu lado para escucharte.

Me da gusto que me compartas tu mundo y tu vida, así como tú puedes ver mi mundo y mi vida. Tienes la confianza de mi ser y esto es lo que soy.

Confío en esa mirada mi sombra,

pues ese corazón que Dios bendijo.

Me da paz y certidumbre ahora,

pues es sinceridad y mi cobijo.

Sabor A Amanecer
Salim Alvarado Martínez

Tus palabras

Me gustan tus palabras de aliento, de apoyo, de agradecimiento, de consejos y claro, de elogios y "piropos". Es una de las formas en las que aprecio lo que soy para ti y es por ello que las tengo presentes.

A veces, solo con una forma sutil como lo haces es suficiente, aunque también cuando eres más clara y concisa.

Tu voz la tengo frecuentemente presente. Es para mí un tipo de mantra e independientemente de que siempre me ha gustado es una cuestión que me pone de buen humor. Eres una persona genial de verdad.

Cada palabra que procede,

de esa linda y delicada boca.

Belleza y verdad tiene,

y mi corazón siempre toca.

Cuidarte

Estos días en los que has estado con malestares me hubiera gustado estar ahí para brindarte no solo mi cariño que ese siempre está, sino la atención y cuidados que requieres. Mimarte, cuidarte, ver por ti. Cuando alguien es importante, cuando alguien es especial, se desea que esté de la mejor forma posible y sabes que tú eres valiosa para mí.

Espero ver pronto recuperada totalmente a esa linda sonrisa que alegra mi alma de manera indescriptible. Siempre velaré y pediré por ti, no lo dudes.

Sabor A Amanecer
Salim Alvarado Martínez

Antes de dormir pido,

porque no pases males.

Pues eres mí ser querido,

y para mí todo lo vales.

Dulces ojos risueños,

merecen solo alegría.

Linda mujer de mis sueños,

aquí estará mi compañía.

Para cuidarte con esmero,

para velar hasta tu sombra.

Eres aquello que quiero,

quien en verdad me asombra.

Acrisolada

Estando al aire libre,
o en un lugar cubierto.
Viene a mi es cierto,
sutil cual mimbre,
la belleza del momento.

Momento que se presenta,
engalanado con tu presencia,
No tienes que estar cerca,
en el éter esta tú esencia.

¿Cuál será tu esencia?
¿Qué tendrás de singular?
Me parece que tu herencia,
fina, casta sin igual.

Sabor A Amanecer
Salim Alvarado Martínez

Es que tu exquisita existencia,
acrisolada de verdad.
Es la viva prueba y realidad,
que Dios con magnificencia,
te creo para ver la eternidad.

Que tendría un alma agraciada,
con la pureza y bondad.
Y así cumplir su obra atinada,
de brindar al mundo felicidad.

Tus manos

Sabes muy bien que desde el primer día me llamaste la atención. La segunda vez que te vi lo confirmé y la tercera que fue cuando fuimos a la expo de ciencia simplemente ya estaba sumamente interesado en ti.

Desde el primer día me trasmitiste no solo esa alegría que te caracteriza sino esa paz, esas buenas maneras, esa sencillez y ese espíritu hermoso que posees. En las anteriores ocasiones a ese sábado ya había tocado levemente tus manos, pero ese día, cuando descansábamos de haber recorrido el lugar y mientras esperábamos a que tu padre contestara un mensaje. Cuando estabas ahí sentada junto a mí y recargaste tu cabeza en mí y pude tocar tus manos fue algo simplemente maravilloso. Sentí una sensación muy especial y aunque intenté disimular lo que sentía me fue imposible y mi alegría y bien-estar era mucha. Sentir tu energía tan de cerca me hizo percibir que efectivamente estaba con alguien genial y que significarías lo que ahora significas para mí.

Tus manos me llenaron de una emoción que aún la siento y me llena de esta sensación de júbilo. Y por eso cada vez que las toco siento que estoy con alguien que llena mi ser. Eres sensacional y siempre lo supe.

Leerás

Pronto, muy pronto podrás leer todo esto que he hecho para ti. Podrás ver cada una de las letras que he escrito con el fin de poder expresar un poco esto que siento por ti y de lo que significas para mí.

Eres mi inspiración y motivación latente. Eres un poema hecho persona y quien me sabe guiar y mostrar un mundo excelso... tu mundo.

Leerás estos escritos en su totalidad y veras que eres tú la causa de que mi corazón sientas sensaciones tan profundas como las que he percibido y percibo.

Agradezco a Dios tu presencia y el que pueda aclararme mis ideas y sentimientos.

Siempre te traigo.

Sabor A Amanecer
Salim Alvarado Martínez

Sin

Hay veces que me has dejado sin palabras. Cuando miro esos ojos preciosos simplemente a veces permanezco en completa paz y resulta de tal suerte que cuando preciso hablar de ello creo que me quedo sin poder explicar suficientemente lo que percibo.

Cuando estoy contigo me siento tan contento que el tiempo me es no solo indiferente, sino que me es sin importancia. Me dejas sin aliento, me mueves mi mundo. Me alteras y me das paz… Me dejas "sin", pero sin duda, me das más.

Sabor A Amanecer
Salim Alvarado Martínez

Eres estrella y no fugaz,

ya que siempre permaneces.

Divertida y perspicaz,

a mi alma enriqueces.

Me robas un suspiro,

cuando te contemplo.

Eres eso que miro,

y me deja boquiabierto.

Me dejas sin defensa alguna,

eres simplemente irresistible.

Como tú ser no hay ninguna,

eres majestuosamente increíble.

Escucharte

Me encanta escuchar tu voz. Siempre me ha parecido sublime y adoro como te expresas. Las cosas que me dices, los relatos, lo que aprendo de ti, toda la información y expresión que viene de ti es motivo de que la escuche y ponga atención en lo que me dices.

Es por eso que el tiempo se me pasa como un suspiro y es también la razón de porque me agrada charlar contigo. Platicar contigo y escuchar cada una de tus palabras se han convertido sin duda en uno de mis momentos preferidos de mí existir.

Sabor A Amanecer
Salim Alvarado Martínez

Cada vocablo expresado,

de esa linda y exacta boca.

Es un acto embelesado,

que a mi alma trastoca.

Tu lenguaje es selecto,

y conlleva esparcimiento.

Seré sincero y no miento,

tú decir es el correcto.

Es la razón por la que tú voz,

y las ideas que de ti emanan.

Son beneplácito para vos,

me alegran y me subsanan.

Noctívago

Hubo un tiempo antes de ti en que fui un seguidor de pasar las noches en vela. De la vida nocturna y he de decir que eventualmente todavía tengo ese tipo de vida. Pase gran parte de mi vida durmiendo poco y viviendo mucho y la verdad fue algo que me sirvió para saber acerca de varias cuestiones tanto de forma teórica como experimental. Ser noctívago fue mi común y contigo lo retome en alguna parte…

Las noches a tu lado son una aventura que transcurre entre esa forma seductora, salvaje, atrevida que tienes y que hace que mi corazón se acelere y mi cuerpo te desee, y pase a esos momentos de tranquilidad en donde lo que me importa es tu compañía, tu atención, tus cuidados y donde aprendemos mutuamente.

Pasar las noches contigo es vivir la noche en todo su esplendor. Desde lo sensual que eres, hasta los puntos de vista interesantes y lo que me haces sentir, sin duda, no podría estar mejor.

Anochecer hasta amanecer contigo.

Sabor A Amanecer
Salim Alvarado Martínez

Noctívago por tu mirada,
noctívago por los sueños.
Que recorren enamorada,
mi alma puesta en ellos.

Es tu andar gesto galante,
es tu presencia fina elegancia,
sea cercanía, sea distancia,
es tu ser siempre radiante.

Cada noche en vela fatigo,
y sería una verdadera fortuna.
Compartir siempre contigo,
la fragancia clara de la luna.

Rezos

Adoro tu sonrisa, tu alegría, tu forma de ser es para mi única. Me trasmites una chispa genial y es por ello que verte de forma que no sea así a veces me causa cierto conflicto, cierto malestar. Tu bienestar es algo que me ocupa y he de decir me preocupa en ocasiones.

Sabes bien que soy hombre de fe, que las cuestiones de Dios no me son ajenas, sino por el contrario es mi día a día. Es por ello que dentro de mi encuentro espiritual el rezo es una frecuente ye rezar por ti es también algo que hago no solo para "pedir" algo sino para agradecer. De hecho, ahora que escribo estas líneas tengo más que agradecer de lo que había pensado. De algún modo renovaste y creaste una fe en mi… y es curioso porque incluso tu dudabas más que yo.

Siempre al pendiente de ti. Siempre tu sueño con mi sueño, tus días con mis días y mi Dios con nuestro Dios. Así lo creo, así lo siento y así lo vivo… Y todavía recuerdo cuando dijiste que rezabas al igual por mí y es por ello que mi fe tiene un nombre particular.

Sabor A Amanecer
Salim Alvarado Martínez

Que tus pesares pronto cesen
que tus ojos destellen gozo.
Que fuertes bríos regresen
que no haya pena ni sollozo.

Que tu horizonte me observe
porque yo te veo a ti plena.
solo tu presencia me llena
y provoca que me reserve.

Solo a ti mis noches frías
tu cabello cuales cerezos.
Asilo y musa de poesías
origen y fin de mis rezos.

Ocaso

Eres tan espectacular, tan radiante, tan, tan hermosa... Eres mi inspiración soñada, mi realidad encarnada.

Deseo compartir contigo cada momento. El sigilo entre platicas, ese momento en que se hace un silencio y quisiera decirte tantas cosas, pero que también me gusta manifestarlo precisamente con esa falta de sonido, pero no de sentimiento... Y viendo el ocaso... nos llega.

Tu cabello que se mueve con el viento, mi abrigo que usas para taparte del creciente frio, el sol que se oculta, es muestra de que el ocaso del día es. Y espero que nuestro ocaso tarde, porque en fuego y radiante estoy. Y tú me quemas con el más ligero toque de tus manos.

Sabor A Amanecer
Salim Alvarado Martínez

Tus ojos son paz y pradera

tu boca es dulzura y osadía.

¿Sabes? Eres mi lumbrera

y tu voz mi canto y melodía.

Lo corpóreo tan evidente

mil soles no opacan brillo.

De tu ser resplandeciente

desde pies hasta el cintillo.

Si el cabello tuyo acaso

es red que me encierra.

Diré pues que el ocaso

está en tus ojos y tierra.

Sabor A Amanecer
Salim Alvarado Martínez

Bóveda celeste

Era final del verano y fue entonces cuando esos lindos ojos y esa sonrisa maravillosa por un momento detuvieron mi vida. Por un instante sentí que como si una luz bella, deslumbrante, pura y eterna hubiera deslumbrado mi ser. No me equivoque.

Desde esos primeros tratos me infundiste no solo amor sino respeto. Integridad, admiración, inteligencia. Tus virtudes son varias y aunque la forma en que me alegras el día es tal vez la mayor, no olvido las otras. Tu magnificencia se demuestra en lo sencilla que eres y eso es algo de lo que aprendo y observo.

Imposible mirarte y no amarte. Escucharte y no aprender. Sonreír contigo y sentir que es ahí donde me gustaría quedar. Por eso en mis letras vives y vivirás siempre. Por eso eres ese fragmento de sol que ilumina cada día esta vida que, más que mía a veces es ya tuya.

Espero con gozo la mañana

para posar en tu figura mis ojos.

Sutil, tierna, fogosa y lozana

dulces y sensuales labios rojos.

Sabor A Amanecer
Salim Alvarado Martínez

Tu alegría contagia y propaga
regocijo, lucides y locura.
No eres magia, eres maga
eres la médico y no la cura.

Lucidez porque presentas la vida
como un paraíso con tu sonrisa.
Eres epitafio, también premisa
eternidad de belleza reunida.

Y eres locura porque encierras
lo liberado, lo atrevido, lo osado.
Frenesí que me deja encantado
demencia que bendices mis tierras.

Bello fragmento de sol acrisolado
candela divina de la bóveda celeste.
Me encantas, me has enamorado
eres tú, lo más cercano a la suerte.

Sabor A Amanecer
Salim Alvarado Martínez

Dulzura

Desde que te vi puedo decir sin temor a equivocarme que aprecie a una mujer singular, única... No solo dotada de una gran y evidente belleza, sino también me hace sentir que tenía algo más... mucho más. Su ternura, su magnificencia que trasmitía por fuera era incluso más por dentro... eso sentí.

Pasado un tiempo de conocerte me pude dar cuenta que era así. Tu alegría alegraba mis días, tu inteligencia era motivo de escucharte. De estar discutiendo contigo por horas, a veces estando en desacuerdo, a veces si concordando. Me hizo sentir que tenía a alguien con quién compartir ideas, anécdotas, experiencias... Alguien que poco a poco se ganaba mi confianza y fue en buena parte por esa dulzura de ser. Aunque, quizá tu mayor contradicción sea que a veces no eres tan dulce. Por momentos te olvidas de quién eres, aunque eso nunca quitara lo que eres en realidad... Y eres alguien genial.

Me provoca una sonrisa tu existencia, eso lo sabes perfectamente. Y yo sé que te pasa lo mismo. Lo sé porque tus ojos me evitan cuando nos vemos, pero cuando de repente se ven me dicen todo. Y puedes hablar más que lo que yo hago con estos escritos.

Después de todos estos escritos, después de todas estas letras, quizás haya más dichos no dichos, quizás haya más oscuridad que luz que manifieste claridad. Si fuera más claro, si fuera más simple, si dijera que no hay dulce como tus labios...

Sabor A Amanecer
Salim Alvarado Martínez

Deleite de mis pupilas a tus pupilas
regocijo de mi interior a causa tuya.
¿No te he dicho acaso que vos brillas?
tabernáculo de amor y de hermosura.

Pues en la cima me sostienes
aliento de mi causa por tu iris.
Belleza más basta que arcoíris
en cada cabello luz tú tienes.

El silencio explota en dulzura
al sonido de tu voz embelesada.
Majestuoso porte, Dulce finura
divinidad de Psique emulada.

Sabor a amanecer

Sencillo es el amor cuando es tal, pero no es simple.

Sencillo porque siento y sé que te amo, desde ese breve, pero inmenso momento desde que te vi. Aunque podría decir que te conozco, incluso desde antes. Como si mi alma hubiera sabido de ti, como si el tiempo no fuera tal, como si por un instante mi memoria reconociera algo que ya había tenido el gusto de percibir. Amor a primera vista quizá sea inadecuado… Te amo desde el inicio de mi ser.

Y es por eso esta serie de escritos. Porque quizá el mundo ni yo mismo este preparado para el tiempo o, mejor dicho, para la falta del mismo. Por eso optare por darle un origen, un comienzo, un amanecer…

En todo amanecer hay un sabor y todos los que lo hemos experimentado -y todos lo hemos hecho- lo sabemos. A mí el sabor que me das es de esperanza, de alegría, de amor. De ese que se escribe en libros y se recita en cafés y, sobre todo, se lleva en lo más intrínseco del alma. Ese soplo de vida que Dios nos dio y lleva tu nombre y lo escribo sin escribir y lo lco sin leer. Así pues, en este amanecer hay un final y este es el sabor que me deja… Así es el sabor de este amanecer.

Sabor A Amanecer
Salim Alvarado Martínez

Amanece con tu yacente figura
voz tierna y tu inquieta melena.
Te levantas, sublime, tan pura…
sol que deja de ser luna llena.

Eres el suspiro que sutil guardo
eres el silencio que emancipo.
Cuando de ti suelto vocablo
vuelve el aire a aquel principio.

En ese comienzo solo aquellos ojos
crearon todo este basto universo.
Que entrelineas, omisiones y verso
hablan de ti y tus cabellos pelirrojos.

Amanece y me queda claro el día
sabor a este amor que profeso.
Sol y luna fusionados quien diría
paraíso, cada vez que te beso.

Sabor A Amanecer
Salim Alvarado Martínez

Sabor A Amanecer
Salim Alvarado Martínez

Made in the USA
Columbia, SC
15 March 2024

33112304R00055